¿Qué son los medios?

Elizabeth Anderson Lopez

Asesoras de contenido

Cheryl Norman Lane, M.A.Ed.
Maestra
Distrito Escolar Unificado del Valle de Chino

Jennifer M. Lopez, M.S.Ed., NBCT
Coordinadora superior, Historia/Estudios sociales
Escuelas Públicas de Norfolk

Asesoras de iCivics

Emma Humphries, Ph.D.
Directora general de educación

Taylor Davis, M.T.
Directora de currículo y contenido

Natacha Scott, MAT
Directora de relaciones con los educadores

Créditos de publicación

Rachelle Cracchiolo, M.S.Ed., *Editora*
Emily R. Smith, M.A.Ed., *Vicepresidenta de desarrollo de contenido*
Véronique Bos, *Directora creativa*
Dona Herweck Rice, *Gerenta general de contenido*
Caroline Gasca, M.S.Ed., *Gerenta general de contenido*
Fabiola Sepulveda, *Diseñadora gráfica de la serie*

Créditos de imágenes: pág.5 southerlycourse/iStock; pág.6 Songquan Deng/ Shutterstock; pág.10 Andrey Bayda/Shutterstock; pág.14 Kathy deWitt/Alamy; pág.15 (inferior), pág.18 Walter Mladina; pág.19 (inferior) Sunshine Seeds/ Shutterstock; pág.21 Kena, Betancur/AFP a través de Getty Images; pág.22 STF/ AFP a través de Getty Images; pág.23 Creative Touch Imaging Ltd./NurPhoto a través de Getty Images; pág.27 Richard Levine/Alamy; todas las demás imágenes cortesía de iStock y/o Shutterstock.

Library of Congress Cataloging-in-Publication Data

Names: Lopez, Elizabeth Anderson, author. | iCivics (Organization)
Title: ¿Qué son los medios? / Elizabeth Anderson Lopez
Other titles: What is media? Spanish
Description: Huntington Beach, CA : Teacher Created Materials, 2022. |
  "iCivics"--Cover. | Audience: Grades 2-3 | Summary: "The media is a
  great tool to learn about all sorts of things. There are newspapers,
  magazines, online sources and more. But not everything you read or hear
  is true. Learn how to be like a detective and tell facts from
  opinions!"-- Provided by publisher.
Identifiers: LCCN 2021039692 (print) | LCCN 2021039693 (ebook) | ISBN
  9781087622828 (paperback) | ISBN 9781087624143 (epub)
Subjects: LCSH: Mass media--Juvenile literature. | Media literacy--Juvenile
  literature. | Journalism--Juvenile literature. | Press and
  politics--Juvenile literature.
Classification: LCC P91.2 .L6718 2022 (print) | LCC P91.2 (ebook) | DDC 302.23--dc23
LC record available at https://lccn.loc.gov/2021039692
LC ebook record available at https://lccn.loc.gov/2021039693

5482 Argosy Avenue
Huntington Beach, CA 92649-1039
www.tcmpub.com
ISBN 978-1-0876-2282-8
© 2022 Teacher Created Materials, Inc.

Contenido

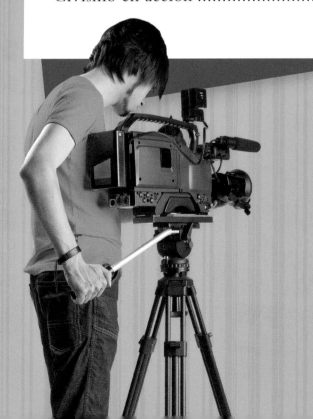

¿Qué son los medios?

En la escuela aprendes muchas cosas, pero no es la única forma de aprender. También aprendes cuando miras la televisión o lees artículos en línea. Tal vez leas revistas o periódicos. De esa manera, es fácil estar informado. Esas fuentes se llaman *medios de comunicación*. Nos informan sobre deportes, entretenimiento, cosas que pasan en el mundo y muchos temas más.

La gente lee y mira las noticias.

Los medios de comunicación juegan un papel importante en la libertad que tenemos como ciudadanos. Esperamos leer noticias verdaderas. A su vez, debemos aprender a evaluar lo que leemos. Tenemos que ser capaces de diferenciar los hechos de las opiniones. ¡Y eso puede ser difícil! Hay un dicho famoso: "No creas todo lo que lees". Es el lector quien decide.

Salta a la ficción

La lección de Yoli

Mientras Yoli y su papá estaban en la cocina, la niña oyó el tema musical del programa de noticias *Noti Hughes*. Yoli quería ser periodista, y la canción la hizo sonreír.

El hombre de la pantalla comenzó diciendo: "Buenas noches, soy George Hughes. ¡Hay que echar al alcalde Timmons! No está haciendo lo suficiente para ayudar al refugio de animales a encontrarles hogar a los perros y los gatos. No le gustan los animales".

Confundida, Yoli dejó de hacer lo que estaba haciendo.

—Papá —empezó a decir—. Claramente al
Sr. Hughes no le cae bien el alcalde. Creí que los
periodistas tenían que informar solo los hechos.

—Tienes razón —le dijo el papá, sonriendo—.
Pero hay distintos tipos de periodistas. El programa
de George Hughes es un programa de opinión. Tú
escribes artículos para el sitio web de la escuela,
¿verdad? Como columnista, les dices a los
estudiantes lo que piensas sobre distintos temas.
Hughes hace algo parecido.

Yoli se quedó pensando en lo que le dijo su papá. Pero seguía confundida. Su papá encendió su tableta y entró a algunos sitios web para averiguar sobre el refugio.

—La Red de la Ciudad dice que este año el refugio recibió menos dinero que el año pasado —leyó en voz alta el papá de Yoli.

—Entonces Hughes tiene razón —respondió Yoli.

QUIÉNES SOMOS | SERVICIOS | SOLUCIONES | SOPORTE | CONTACTOS

Red de la Ciudad

Teléfono: +12 34 567 89

INICIO | MAPA DEL SITIO | CONTACTO | COMPRAR

Reducen financiamiento del refugio local

Después de varios meses de idas y vueltas, se definió el presupuesto de la ciudad para el próximo año. Se redujo el financiamiento de algunos programas, como el del refugio de animales de la calle Main. El alcalde Timmons anunció los recortes presupuestarios ayer en una reunión mensual del ayuntamiento. Pidió disculpas, pero dijo que los recortes eran "necesarios".

—No necesariamente —dijo el papá—. Que hubo un recorte es un hecho. Que el alcalde no quiera ayudar a los animales es una opinión. Hughes dijo que es culpa del alcalde. Pero quizás haya otras razones. ¿Se te ocurre alguna?

—Mmm… Tal vez el alcalde no es el único que decide cómo gastar el dinero, ¿no?

—Así es —dijo el papá—. Hughes está dando una noticia, pero también está dando su opinión. Es importante distinguir entre un hecho y una opinión.

Vuelve al texto de no ficción

Distintos tipos de medios

Los medios de comunicación están en todas partes. Vemos avisos publicitarios cuando subimos a un autobús. Vemos carteles con publicidades cuando vamos por la carretera. Incluso en nuestras casas podemos ver distintos tipos de medios. Uno de los más comunes es la televisión.

Times Square, en la ciudad de Nueva York

Podemos acceder a cientos de programas de televisión en cualquier momento. Los programas abarcan muchos temas diferentes. Algunos programas son de ficción, como los dibujos animados. Otros son de no ficción, como los programas de noticias.

Es posible que algunos programas de ficción busquen transmitir un mensaje específico. Puede ser **oculto**, o difícil de percibir. Quizá el mensaje sea el valor de los deportes en equipo. O que el acoso no está bien. Sea cual fuere el mensaje, la mayoría de los programas de ficción tienen algún tipo de **sesgo**.

En blanco y negro

Los programas de televisión no siempre se vieron en colores como los vemos hoy en día. Antes se transmitían solamente en blanco y negro. Los televisores a color se inventaron más tarde, a principios de la década de 1950.

Los programas de no ficción, como los de noticias, son importantes. Nos ayudan a enterarnos de lo que pasa en el mundo. Se supone que los programas de noticias tienen que informar los hechos. Sin embargo, al igual que los programas de ficción, los programas de noticias pueden tener sesgos. A veces nos damos cuenta del sesgo por las noticias que *no* se informan.

Piensa y habla

¿Cómo se enteran de las noticias tú y tu familia?

Imagina que hay tres personas que se están postulando como concejales. Sus nombres son Kara, Julie y Jaime. El periodista habla 20 minutos con Kara y otros 20 con Julie. Pero no habla con Jaime. Eso puede deberse a varios motivos. Tal vez el periodista no apoya a Jaime. O quizá Jaime no estaba disponible. Son los espectadores quienes tienen que darse cuenta de que los candidatos no recibieron el mismo trato. Tal vez deban investigar un poco más para saber por qué pasó eso. Si hubo algún sesgo, los espectadores pueden tenerlo en cuenta en caso de que vuelvan a mirar el programa más adelante.

Los sesgos pueden ser injustos. En el caso de las entrevistas a los candidatos, pudo haber habido un sesgo. Quizás Jaime quería cambiar alguna ley que pudiera afectar a ese canal de noticias. Al no estar presente Jaime, parecería que el canal tiene un sesgo. De todos modos, siempre vale la pena tomarse el tiempo para verificar los hechos.

Además de mirar las noticias en la televisión, la gente se informa por otros medios. Los periódicos y las revistas son ejemplos de **medios impresos**. Ambos incluyen noticias. Algunas revistas se centran en un tema en particular, como los deportes o la cocina. Pero esos artículos también pueden ser noticias. Por ejemplo, cuando un equipo gana un partido importante, el artículo trata sobre deportes, pero también es una noticia. Los periódicos suelen tener muchas secciones. La sección principal de un periódico es la de actualidad. Pero, si hay algún sesgo, puede aparecer en alguna sección o en todas.

¡Es el mejor!

Algunas empresas emiten **comunicados de prensa** sobre sus nuevos productos. El propósito de un comunicado de prensa es dar información. Los revisores tienen que asegurarse de que los comunicados contengan hechos y no opiniones sobre los productos. Un hecho sobre una bicicleta podría ser que tiene asiento de cuero. Una opinión sería decir que es el asiento más cómodo del mundo.

Las noticias más importantes del día aparecen en la parte superior de la portada, "por encima del pliegue".

La mayoría de los artículos que aparecen en los medios impresos tienen firma. La *firma* es el nombre del autor. Sin embargo, existe un tipo de artículo que no lleva firma. Se llama *editorial*. Un editorial expresa la opinión del periódico o de la revista. Los editoriales suelen escribirse cuando ocurren sucesos importantes. Por ejemplo, cuando hay elecciones. En ese caso, los periodistas probablemente escriban sobre quién creen que debería ganar y por qué.

En los medios impresos, muchas veces hay avisos publicitarios que parecen artículos. Las empresas quieren hacerle creer a la gente que alguien escribió un artículo sobre la empresa, pero en realidad fue la misma empresa la que lo escribió. El objetivo es engañar a los lectores. De esa manera, las opiniones parecen hechos. Existen leyes que ayudan a los lectores. Las empresas tienen que usar palabras que les indiquen a los lectores que lo que están leyendo son avisos publicitarios. Pueden escribir la palabra "patrocinado" en el aviso. También pueden decir que es "un aviso pago". Sin embargo, es fácil pasar por alto esas palabras.

#aviso

Avisos digitales

La ley sobre avisos patrocinados no solo se aplica a los medios impresos. También abarca otras áreas, como las redes sociales. Los **influenciadores** tienen que aclarar cuando les pagan por hacer sus publicaciones. Suelen hacerlo por medio de hashtags, como #aviso o #patroc.

Noticias diarias

Primera edición

Lunes 8 de marzo de 2020

Puentes rotos, promesas rotas

OPINIÓN

Cuando los votantes eligieron al incompetente e inexperto alcalde Greene el otoño pasado, él había prometido financiar la reparación de los puentes comunitarios, que se estaban viniendo abajo. Ha pasado casi un año desde que asumió el cargo y aún no ha reemplazado ni un solo ladrillo.

Hace poco conversé con Jaime Martínez, el fundador de la empresa local Martínez Construcciones. Martínez Construcciones suele ser la primera opción de la alcaldía para realizar trabajos rápidos a nivel local. El Sr. Martínez me confirmó que no se ha comunicado nadie de la oficina del alcalde para pedir un presupuesto y así poder realizar las obras. El Sr. Martínez confirmó el temor de muchos residentes: si no reparan los puentes lo antes posible, habrá que esperar hasta la primavera, ya que sería muy difícil excavar el suelo con las nevadas.

El puente de la calle Sexta salió en los titulares de todo el estado cuando colapsó de repente el verano pasado. La reparación de los puentes fue un tema central en la campaña del alcalde Greene, gracias a lo cual obtuvo muchos votos. Hoy en día su lema de campaña "Mejores puentes para un futuro mejor" parece una reliquia del pasado. Desde la oficina del alcalde Greene, se negaron a hablar sobre el escándalo de los puentes.

Reparaciones del puente de la calle Sexta

Nuevo estudio da esperanzas

Por Valeria Fábregas

Un nuevo estudio de la Universidad de Eastvale demostró que las personas sienten menos estrés cuando hablan con su terapeuta de manera regular. Durante un año, se hizo un seguimiento de un grupo de 200 pacientes de entre 15 y 50 años de edad. Los investigadores les preguntaron

Estudio/ver página 10

También podemos obtener información en otros tipos de medios. Mucha gente lee las noticias en línea. En internet, hay que leer con un espíritu **crítico**. ¿Es real la historia? ¿Hay fuentes que la respalden? ¿Hay un sesgo? Recuerda que cualquiera puede hacer publicaciones en línea. Y esa persona tal vez no verifique las noticias antes de compartirlas.

Mucha gente se informa a través de la radio. En Estados Unidos, uno de cada cuatro adultos dice que suele informarse de esa manera. Los conductores de los programas de radio pueden hablar de la música nueva que está por salir. O quizás hablen de temas de actualidad. Los programas de radio también pueden tener sesgos.

Los libros también son un medio de comunicación. ¡Y de los más antiguos! Los libros de no ficción están repletos de hechos. También pueden incluir la opinión de los autores. Esa es otra forma de sesgo.

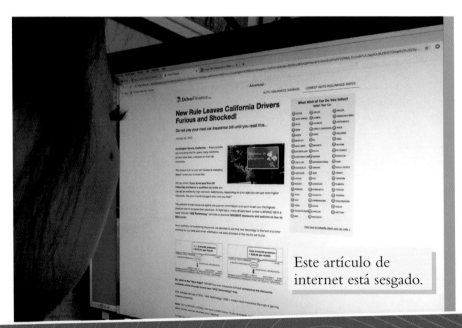

Este artículo de internet está sesgado.

El ABC de la FCC

Hay un grupo del gobierno que supervisa los programas de radio y televisión. Se llama Comisión Federal de Comunicaciones, o FCC por sus siglas en inglés. Ese organismo se asegura de que las **emisiones** cumplan con las normas. Pero la ley dice que la FCC no puede prohibir el punto de vista de ningún programa.

Los conductores de programas de radio como estos pueden tener sesgos.

Los medios y la democracia

Cuando crearon nuestra nación, los **Fundadores** se preguntaron qué cosas eran importantes. Sabían que la nación debía tener libertad de prensa. La *libertad de prensa* quiere decir que las noticias se comunican sin la influencia del gobierno. No se puede controlar ni silenciar a la prensa por razones políticas. La prensa tiene derecho a informar sobre lo que quiera. A veces a quienes están en el poder no les gusta lo que dice la prensa. Pero, aunque así sea, no pueden influir en la libertad de prensa.

Los Fundadores debaten sobre la nueva nación.

Como los Fundadores consideraron que la libertad de prensa era muy importante, la incluyeron en la Carta de Derechos. Esa sección se encuentra en la Primera **Enmienda**. Esa enmienda también dice que las personas tienen derecho a la libertad de expresión. Y que pueden practicar la religión que quieran.

En palabras de Jefferson

Uno de los Fundadores de la nación fue Thomas Jefferson. Jefferson fue uno de los principales defensores de la libertad de prensa. Una vez expresó: "Nuestra libertad depende de la libertad de prensa". Dijo que la libertad de prensa "no puede limitarse sin perderse".

En Estados Unidos, la gente es afortunada. Hay muchos países en los que no existe la libertad de prensa. Quienes están en el poder les dicen a los medios qué decir. Pueden usar a los medios para cambiar la opinión de las personas. Por ejemplo, imagina que la mayoría de los habitantes de un país no están de acuerdo con una nueva ley. El líder podría usar a los medios para mentir. Podría decir que la mayoría está de acuerdo con la nueva ley. De esa manera, podría convencer a otras personas de que apoyen la ley. Si los periodistas de esos países no informan lo que el gobierno quiere, pueden tener serios problemas.

En algunos países, el gobierno puede **censurar** lo que se publica en internet. Es decir, bloquea ciertos sitios web. Los ciudadanos no pueden enterarse de ciertas cosas. El gobierno decide qué se puede ver y qué no. Así no es como funciona una democracia. En esos países, el poder por lo general está en pocas manos.

En China este sitio web está bloqueado.

Límites de la libertad de prensa

La libertad de prensa tiene algunos límites. Por ejemplo, no se pueden publicar mentiras que dañen la reputación de otra persona. Eso se llama *difamación*, y va contra la ley.

Este hombre pide que no haya censura en internet en Irán.

Los medios de comunicación tienen responsabilidades. El público también. Es necesario que los medios tengan algún tipo de control. Una manera de controlar a los medios es aprender a identificar los sesgos.

La mejor manera de identificar el sesgo es prestar atención a la fuente de información. Imagina que un **estudio** dice que los refrescos son bebidas saludables. Si fue una empresa de refrescos la que hizo el estudio, los resultados pueden estar sesgados. El estudio podría ser menos sesgado si estuviera hecho por **terceros**. En este caso, un tercero sería un grupo que no venda refrescos.

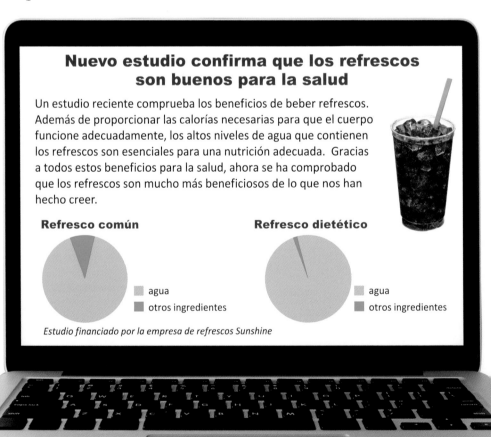

Nuevo estudio confirma que los refrescos son buenos para la salud

Un estudio reciente comprueba los beneficios de beber refrescos. Además de proporcionar las calorías necesarias para que el cuerpo funcione adecuadamente, los altos niveles de agua que contienen los refrescos son esenciales para una nutrición adecuada. Gracias a todos estos beneficios para la salud, ahora se ha comprobado que los refrescos son mucho más beneficiosos de lo que nos han hecho creer.

Refresco común

agua
otros ingredientes

Refresco dietético

agua
otros ingredientes

Estudio financiado por la empresa de refrescos Sunshine

En todas partes puede haber sesgos. Imagina que una influenciadora comparte una publicación en la que dice lo geniales que son los tenis que usa para andar en patineta. ¿Y si la empresa de calzado le pagó para que escribiera eso? ¡Eso también es un sesgo!

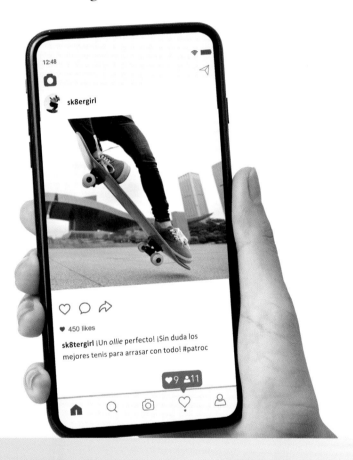

Parte de la solución

Hay muchos trabajos relacionados con los medios de comunicación. Algunas personas son periodistas o editores. Otros son abogados o verificadores de datos. Esos trabajos son necesarios en todos los tipos de medios.

En internet se pueden compartir publicaciones y artículos fácilmente y con mucha rapidez. Los lectores pueden hacer su parte fijándose si la información es cierta. No es difícil verificar los datos antes de compartirlos. Si lo hacemos, podemos evitar que se divulguen noticias que no son verdaderas.

Los lectores pueden quejarse cuando ven información falsa. Pueden comentar los artículos. También pueden escribirles cartas a los editores. De esa manera, tal vez inspiren a otras personas a formar su propia opinión.

Algunas plataformas de redes sociales han incluido la verificación de datos de las publicaciones.

Esta niña apoya la libertad de prensa.

Las personas que quieren defender la libertad de prensa pueden hacer oír su voz. Algunos pueden no estar de acuerdo con la manera en que los medios informan sobre algún líder o un tema específico, pero de todos modos siguen apoyando la libertad de prensa. Defender a la prensa no necesariamente significa estar de acuerdo con lo que se dijo. ¡Defender la libertad de prensa es una manera de defender la democracia!

En palabras de Hall

Evelyn Beatrice Hall fue una escritora inglesa. Escribió lo siguiente: "Estoy en desacuerdo con lo que dices, pero defenderé hasta la muerte tu derecho a decirlo". Los defensores de la libertad de expresión y de la libertad de prensa usan esta cita con frecuencia.

Los medios importan

Las personas se informan a través de distintas fuentes todos los días. Leen en internet las noticias que marcan tendencia. Hojean las revistas. Escuchan la radio. La información está en las casas y en el mundo exterior. Es importante que haya libertad de prensa. Fue un punto clave al momento de fundar el país. Y sigue ayudando a formar las bases de la democracia.

Sin embargo, a veces los medios pueden ser engañosos. Depende de los lectores y de los oyentes saber diferenciar entre un hecho y una opinión. Depende de ellos identificar los sesgos. Puede ser un trabajo difícil, pero es necesario.

¡Los medios importan! Y también importa el papel que tú juegas. Los medios te pueden ayudar a enterarte sobre los sucesos de la actualidad. Hasta pueden ayudarte a entender el papel que tienes en el mundo.

Piensa y habla

¿Qué datos de este libro habría que verificar?

Glosario

censurar: eliminar cosas que se consideran inmorales, perjudiciales u ofensivas

comunicados de prensa: declaraciones oficiales que dan información a los medios

crítico: que piensa cuidadosamente sobre lo bueno y lo malo de algo

emisiones: programas de televisión o de radio

enmienda: un cambio que se hace a una ley o a un documento legal

estudio: un experimento organizado que se realiza para saber más sobre un tema

Fundadores: las personas que tuvieron un rol importante en la creación del gobierno de Estados Unidos

influenciadores: personas que generan interés en ciertas cosas al hacer publicaciones en las redes sociales

medios impresos: maneras gráficas de transmitir información, como los periódicos, los carteles, las revistas, los diarios y los libros

oculto: escondido

sesgo: creencia de que ciertas ideas y personas son mejores que otras, lo que a menudo lleva a darles un trato injusto a algunas personas o a ciertos temas

terceros: personas o grupos que participan en algo, pero no pertenecen a ninguno de los grupos principales que se ven afectados

Índice

Civismo en acción

Los medios de comunicación nos hacen aprender cosas nuevas. Pero debemos mirar la información con cuidado. Tal vez no todo lo que leamos sea un hecho comprobado. Quizás el informe o el programa tengan un sesgo. Depende de nosotros, los ciudadanos, analizar con inteligencia la información que recibimos.

1. Lee o escucha una noticia.

2. Piensa en la información que contiene.

3. Revisa la noticia para ver si expresa alguna opinión o tiene algún sesgo.

4. Busca hechos o datos que deban verificarse.

5. Escribe tu propia noticia sobre el tema. Solo habla de los hechos. No incluyas tu sesgo.